Inhalt

Wertstoff Hausmüll - hart umkämpft

Kernthesen

Beitrag

Fallbeispiele

Weiterführende Literatur

Impressum

GENIOS WirtschaftsWissen Nr. 04/2008 vom 14.04.2008

Wertstoff Hausmüll - hart umkämpft

I.Zeilhofer-Ficker

Kernthesen

- Im Februar 2008 verabschiedete der Bundestag die fünfte Novelle zur Verpackungsverordnung, die alle Hersteller und Händler zur Nutzung eines dualen Systems für die Verwertung ihrer Verpackungen zwingt.
- Die Verpackungswertstoffe sind hart umkämpft mittlerweile neun Systemanbieter gieren nach Marktanteilen.
- Noch begehrter ist das Altpapier der Haushalte, für das mittlerweile Preise von über 100 Euro pro Tonne gezahlt werden.
- Private Entsorgungsunternehmen versuchen mit allen Mitteln den

Kommunen und gemeinnützigen Vereinen die Altpapier-Einnahmen streitig zu machen.

Beitrag

Der Deutschen liebster Umweltschutzbeitrag ist die Mülltrennung. Graue, blaue, gelbe und Biotonnen sammeln sich in den Vorgärten der Bundesbürger und schon so mancher ist an der Trennungswut der Deutschen verzweifelt. Gewinn schlagen daraus mehr und mehr private Entsorgungsunternehmen, die von hohen Weltmarktpreisen des Wertstoffs Müll profitieren.

Mülltrennung der Deutschen liebstes Umwelt-Kind

Schon viele Jahrzehnte lang sind es die Deutschen gewohnt, Altpapier und Altkleider für die regelmäßig stattfindenden Sammlungen der ortsansässigen Vereine zu bündeln und damit Gutes zu tun. Seit den 70er Jahren befüllen wir außerdem brav die Altglas-Container, natürlich nach Glasfarbe getrennt, und seit Inkrafttreten der Verpackungsverordnung im Jahr 1991 stecken wir Kunststoff-, Metall- und

Styroporverpackungen in den gelben Sack. Neun von zehn Bürgern halten die Mülltrennung für sinnvoll und 94 Prozent behaupten, Wertstoffe meistens getrennt vom Restmüll zu entsorgen. Eine Trennungswut, die viele ausländische Nachbarn mitleidig belächeln. Doch neben der Umwelt profitieren vor allem die Entsorgungsunternehmen, die jährlich über fünf Millionen Tonnen Kunststoff- und Metallverpackungen, 2,5 Millionen Tonnen Altglas und fünfzehn Millionen Tonnen Altpapier sammeln und verarbeiten. Denn Müll ist wertvoll geworden. (1), (10)

Für eine Tonne Altpapier werden auf dem Weltmarkt mittlerweile über 100 Euro bezahlt, für eine Tonne PET-Flaschen bekommt man 300 Euro und auch die Altmetallpreise steigen nach wie vor rasant. (2), (3)

DSD, Grüner Punkt und Gelber Sack

Mit der Verpackungsverordnung von 1991 wurde ein System geschaffen, das das Wiederverwerten von Verpackungsmüll aus Kunststoff und Metall sicher stellen sollte. So richtig gut war das Gesetz noch nie seither wurde es fünfmal novelliert, zuletzt im Februar 2008. Zu Beginn hatte das Duale System Deutschland

(DSD) alleine das Recht, das Zeichen Grüner Punkt an Hersteller und Händler zu lizenzieren und machte gute Geschäfte damit. Seit das Bundeskartellamt 2001 das Monopol des DSD kippte, hat sich der Markt belebt. Neun Unternehmen haben heute die Genehmigung, eigene Verträge mit Herstellern und Händlern zu schließen und bundesweite Entsorgungssysteme aufzubauen. Rund 1,5 Milliarden Euro an Lizenzgebühren wurden so 2007 von der Clearingstelle an die Entsorger verteilt, abhängig von deren Marktanteil und den gemeldeten Verpackungsmengen der Hersteller und Händler. (2), (4), (5), (7)

Doch bisher gibt es Schlupflöcher im System. Sogenannte Selbstentsorger wie beispielsweise die Drogerieketten Rossmann oder Schlecker stellten eigene Tonnen auf und nahmen für sich in Anspruch, ihre Kunden würden die leeren Waschmittelflaschen und Zahnpastatuben dahin zurück bringen. Tatsächlich tun dies nur wenige Verbraucher und entsprechende Wertstoffmengen wurden stattdessen bei Großverbrauchern günstig besorgt. Trittbrettfahrer nennt die DSD die Selbstentsorger und stellt fest, dass sich fast ein Drittel der Vertreiber von Verkaufsverpackungen vor der Zahlung einer entsprechenden Entsorgung gedrückt hätte. Denn der Müll dieser Firmen landet auch in den diversen gelben Säcken und Tonnen und muss von DSD und

Co. entsorgt werden. (6)

Vom 1. Januar 2009 an wird dies nicht mehr möglich sein. Die neueste Novelle der Verpackungsverordnung sieht eine Beteiligungspflicht an einem Dualen System für alle vor. Außerdem müssen ab dem 1. Mai 2009 Vollständigkeitserklärungen über Mengen und Verbleib von verwendeten Verpackungen abgegeben werden. (4)

Die Branche darf sich also auf zusätzliche Einnahmen freuen. Inwieweit die DSD davon profitieren wird, muss abgewartet werden. Die großen Handelsunternehmen wie REWE, ALDI und EDEKA haben schon zu den preisgünstigeren Konkurrenzunternehmen gewechselt und die DSD Marktanteile sinken ständig. Den Bürger dürfte das freuen die Händler haben angekündigt, die Einsparungen über Preissenkungen an ihre Kunden weitergeben zu wollen. (8)

....und wer bekommt das Altpapier?

Auch der Altpapiermarkt ist hart umkämpft. Der riesige Papierhunger in Asien sowie die Energie sparenden modernen Produktionsmethoden für

Recyclingpapier hierzulande haben die Preise auf über 100 Euro pro Tonne Altpapier steigen lassen. Das Resultat: regelrechte Schlachten toben in diversen Städten und Landkreisen um die alten Zeitungen und Zeitschriften. (3), (9)

Bisher waren in fast allen Gemeinden Altpapiercontainer aufgestellt, zu denen die Bürger ihr Altpapier brachten. Der Erlös aus diesen Sammlungen hielt die kommunalen Müllgebühren niedrig. Sporadische Altpapiersammlungen von gemeinnützigen Organisationen oder Vereinen halfen zudem bei der Finanzierung von diversen sozialen Projekten und kamen der Allgemeinheit zugute. (9)

Seit einiger Zeit finden aber vor allem in Ballungsgebieten mehr und mehr Bürger plötzlich blaue Tonnen in Ihren Ausfahrten und Vorgärten, zusammen mit einem Informationsblatt, in dem die kostenlose, regelmäßige Entsorgung ihrer Papierabfälle versprochen wird. Ein verlockendes, aber auch gefährliches Angebot. Denn finden sich genügend Nutzer der privaten Papiertonnen, entgehen den Kommunen, die sich nicht nur die lukrativen Ortsteile für die Entsorgung herauspicken können, Einnahmen in großer Höhe. Die Folge dürften rasch höhere Müllgebühren sein. (3), (9)

Ein unvermeidbares Ärgernis diverse Gerichtsurteile

haben den privaten Entsorgern bisher in allen Fällen recht gegeben. Die Kommunen können die private Papiersammlung nicht verbieten. Also ist Aufklärung angesagt. Und ein besserer Service. Fast alle Gemeinden, die den Wettbewerb der Privaten zu spüren bekommen, versprechen nach Auslaufen ihrer momentanen Entsorgungsverträge eigene blaue Tonnen. Ob für die Vereine dann auch noch etwas übrig bleibt wer weiß? (3), (9)

Den Ärger haben aber erst einmal die Hausbesitzer. Wenn sie die diversen privaten blauen Tonnen vor ihrer Haustür wieder los werden wollen, müssen sie sich selbst um eine Abholung kümmern und das dauert meist wesentlich länger als die Aufstellung.

Fallbeispiele

Neun bundesweit zugelassene Anbieter von Dualen Systemen gibt es zur Zeit in Deutschland. Marktführer ist (noch) die DSD mit 58 Prozent Marktanteil. Dieser dürfte demnächst weiter zweistellig schrumpfen, denn der Großhändler und bisherige DSD-Kunde EDEKA hat zwischenzeitlich eine Kooperation mit der Belland Dual GmbH vereinbart. REWE wechselte bereits im letzten Jahr zu Interseroh und ALDI entschied sich für das System Eko-Punkt von Remondis. (8)

Immerhin neun Millionen Euro pro Jahr ist Hamburgs Altpapier wert. Die Stadtreinigung Hamburg (SRH) hat nun mit dem privaten Entsorger Remondis um das Papieraufkommen zu kämpfen. Obwohl die SRH bereits sechs Millionen Euro in Müllwägen und blaue Tonnen investiert hat, stellte Remondis in lukrativen Gegenden eigene Tonnen auf. Die an Remondis geschickte Untersagungsverfügung dürfte kaum Wirkung zeigen bisher haben fast alle Verwaltungsgerichtsurteile in ähnlichen Fällen den privaten Entsorgern Recht gegeben. (12)

Weiterführende Literatur

(1) Müllentsorger machen Punkte
aus HORIZONT 47 vom 22.11.2007 Seite 020

(2) Aussortiert - Die Mülltrennung boomt und kommt nicht nur der Umwelt zugute
aus Thüringer Allgemeine vom 25.01.08 Seite TCTH125

(3) Sillgitt, Alexandra, Brutaler Kampf ums Altpapier, Spiegel Online, 31.03.2008
aus Thüringer Allgemeine vom 25.01.08 Seite

TCTH125

(4) Verpackungsnovelle geht ins Ziel
aus Lebensmittel Zeitung 09 vom 29.02.2008 Seite 030

(5) Edeka wirft Grünen Punkt aus den Regalen
Einzelhändler will Ersparnis durch Systemwechsel an Kunden weitergeben - Gelbe Tonnen bleiben
aus DIE WELT, 09.02.2008, Nr. 34, S. 11

(6) Gefährdetes Geschäft mit Müll
aus Handelsblatt Nr. 245 vom 19.12.07 Seite 12

(7) Haut den Grünen Punkt in die Tonne
aus Frankfurter Allgemeine Zeitung, 20.10.2007, Nr. 244, S. 11

(8) Pflegefall Grüner Punkt Das Duale System Deutschland verliert Marktanteile - Gerüchte um einen Verkauf werden lauter
aus DIE WELT, 01.03.2008, Nr. 52, S. 10

(9) Der harte Kampf um die Zeitung von gestern
aus Süddeutsche Zeitung, 01.04.2008, Ausgabe Deutschland, Bayern, München, S. 20

(10) O.V., Internet-Seite des Bundesverbandes Sekundärrohstoffe und Entsorgung e. V., Bonn
aus Süddeutsche Zeitung, 01.04.2008, Ausgabe Deutschland, Bayern, München, S. 20

(11) Die Tonnenfrage
aus DIE WELT, 09.02.2008, Nr. 34, S. 11

(12) Streit um die blaue Altpapiertonne
aus Hamburger Abendblatt, 01.04.2008, Nr. 76, S. 9

Impressum

Wertstoff Hausmüll - hart umkämpft

Bibliografische Information der deutschen Nationalbibliothek

Die Deutsche Nationalbibliothek verzeichnet diese Publikation in der deutschen Nationalbibliografie; detaillierte bibliografische Daten sind im Internet über http://dnb.d-nb.de abrufbar.

ISBN: 978-3-7379-1486-4

© 2015 GBI-Genios Deutsche Wirtschaftsdatenbank GmbH, Freischützstraße 96, 81927 München, www.genios.de

Alle Rechte vorbehalten. Dieses Werk ist einschließlich aller seiner Teile – z.B. Texte, Tabellen und Grafiken - urheberrechtlich geschützt. Jede Verwertung außerhalb der Grenzen des Urheberrechtsgesetzes bedarf der vorherigen Zustimmung des Verlags. Dies gilt insbesondere auch für auszugsweise Nachdrucke, fotomechanische Vervielfältigungen (Fotokopie/Mikroskopie), Übersetzungen, Auswertungen durch Datenbanken oder ähnliche Einrichtungen und die Einspeicherung und Verarbeitung in elektronischen Systemen.